Igbo Alphabet Colouring book

Akwụkwọ Agba Mkpụrụedemede Igbo

© 2017 Yvonne Chioma Mbanefo & Learn Igbo Now

All rights reserved. No part of this book may be reproduced or transmitted in any form or by any means, electronic or mechanical. This means that you cannot record or photocopy any material, ideas or tips that are provided in this book.

Aha m bụ

www.LearnIgboNow.com

Dupuo
Pierce

Dinara ala
Lie down

www.LearnIgboNow.com

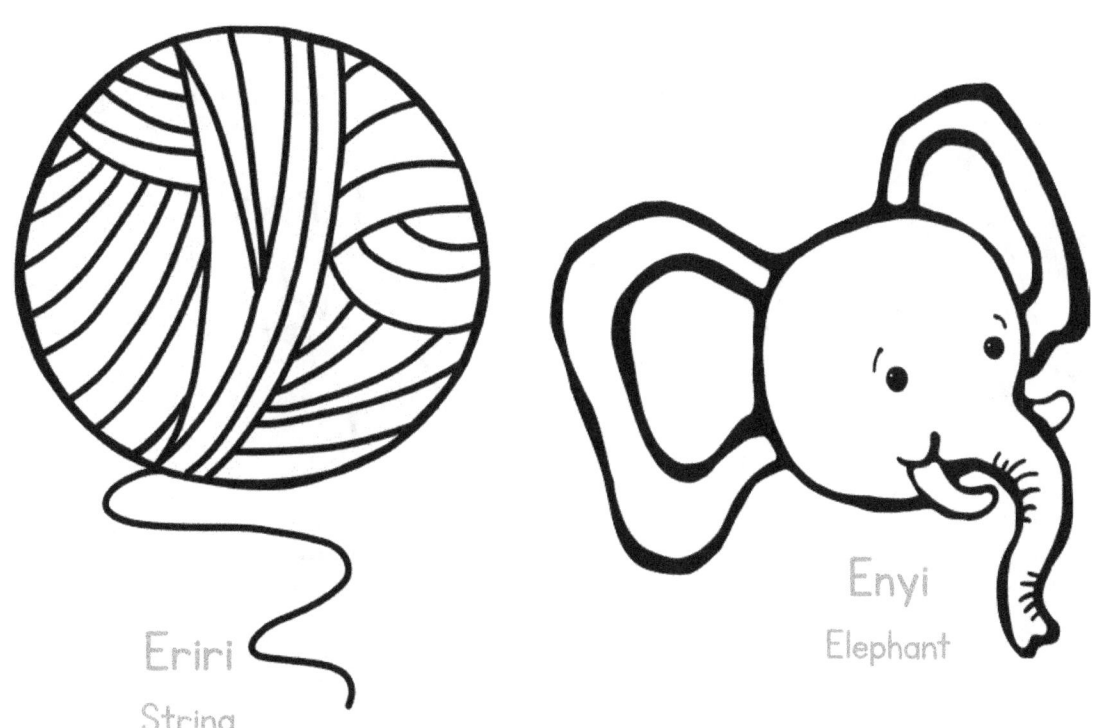

Eriri
String

Enyi
Elephant

www.LearnIgboNow.com

Fee
Fly

Fee aka
Wave

www.LearnIgboNow.com

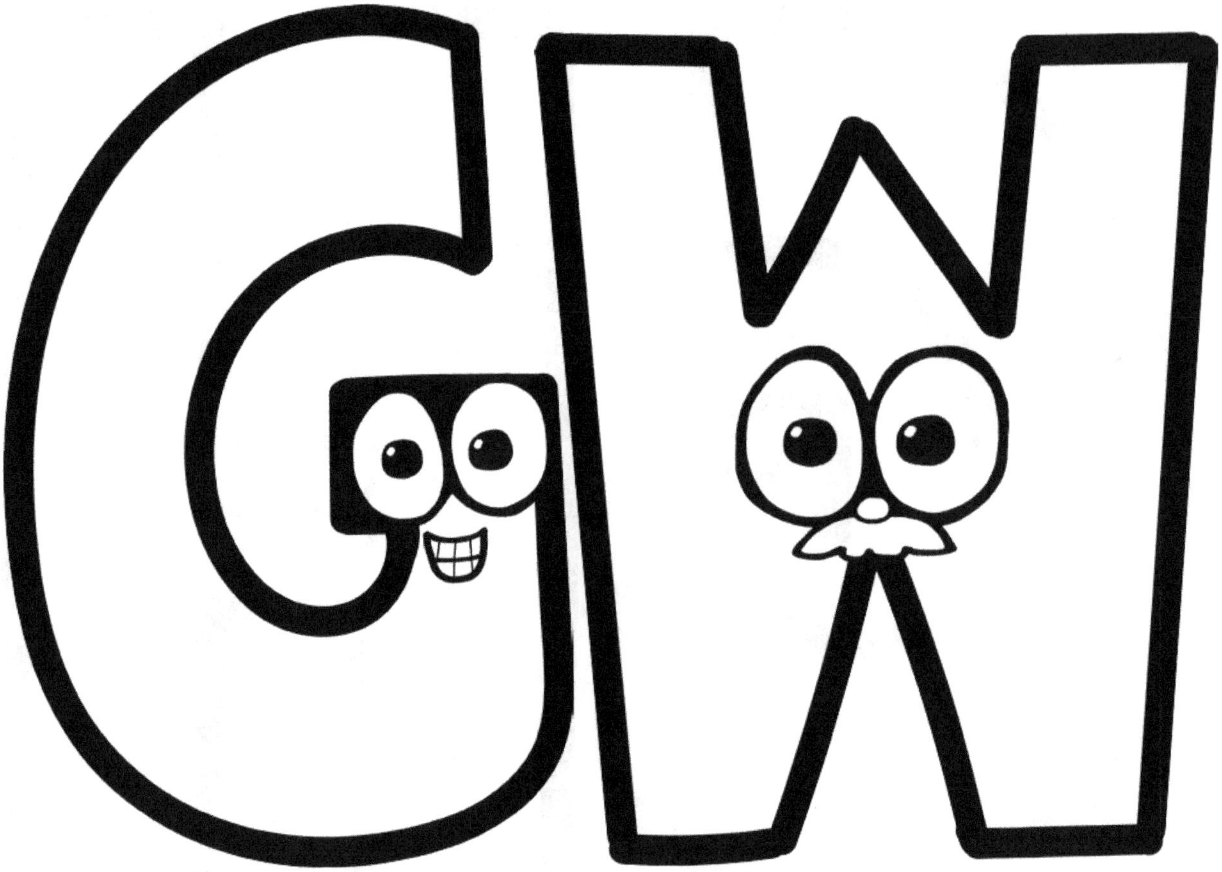

Gw

Gwụrụ

Finished

Gwuo mmiri

Swim

www.LearnIgboNow.com

Họrọ
Select / Choose

Hazie
Arrange / Sort

www.LearnIgboNow.com

Imi — Nose

Igbe — Box

Jangolova

Swing

Ji

Yam

www.LearnIgboNow.com

K

Komkom
Can

Kedu
How are you?

www.LearnIgboNow.com

Kpagharịa
Stir

Kpakpando
Star

www.LearnIgboNow.com

Kwaa aka
Push

Kwee n'aka
Shake hands

www.LearnIgboNow.com

Leta
Letter

Loo
Swallow

www.LearnIgboNow.com

Mbe
Turtle / Turtoise

Mkpọchiuwe
Zip

www.LearnIgboNow.com

Ṅuria — Rejoice

Ṅụọ — Drink

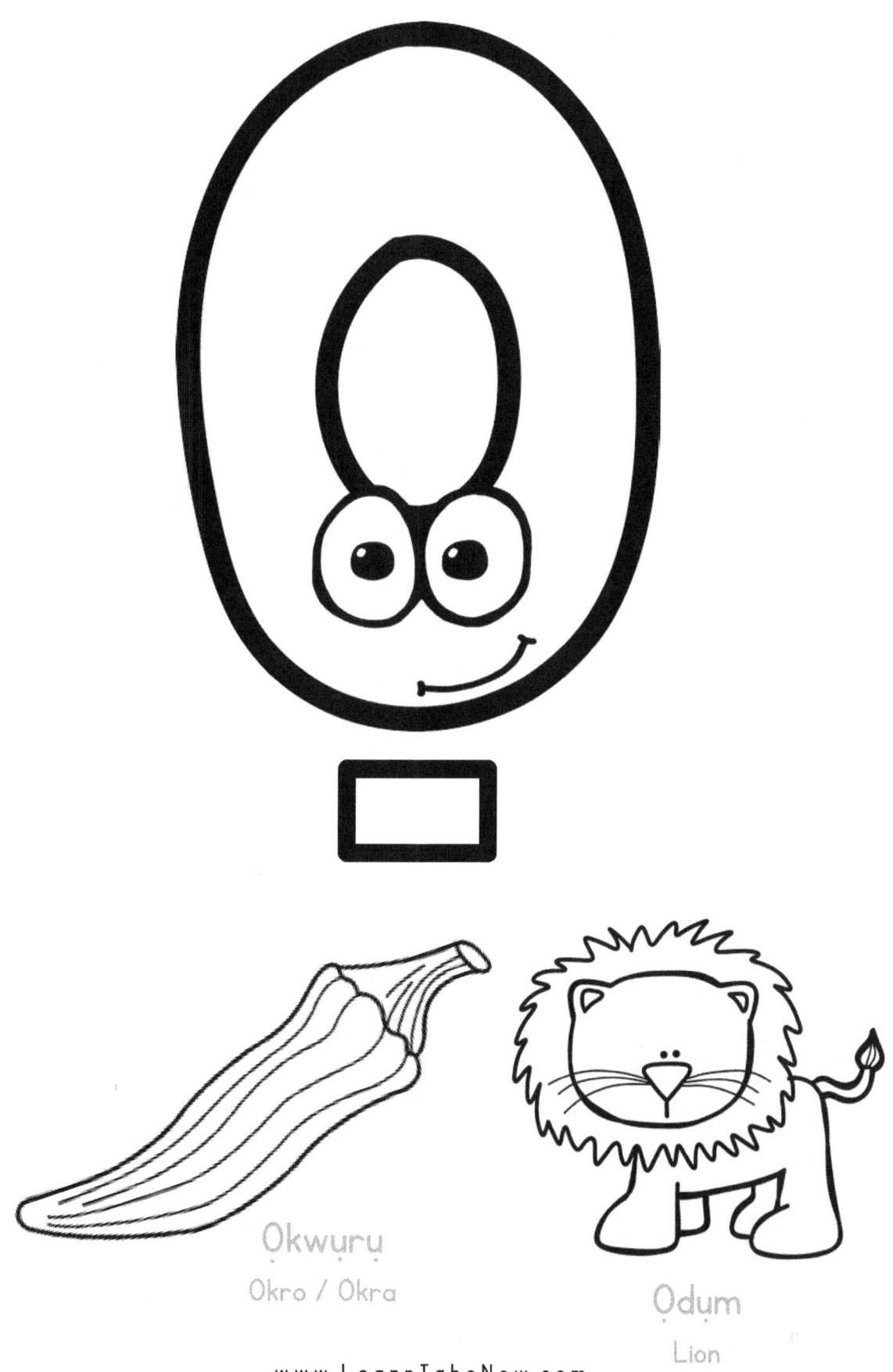

Pụta
Come out

Pịnyụọ
Switch off

www.LearnIgboNow.com

S

Suọ
Pound

Saa
Wash

www.LearnIgboNow.com

SH

Shie nri

Cook food

Shie

Stop bring painful

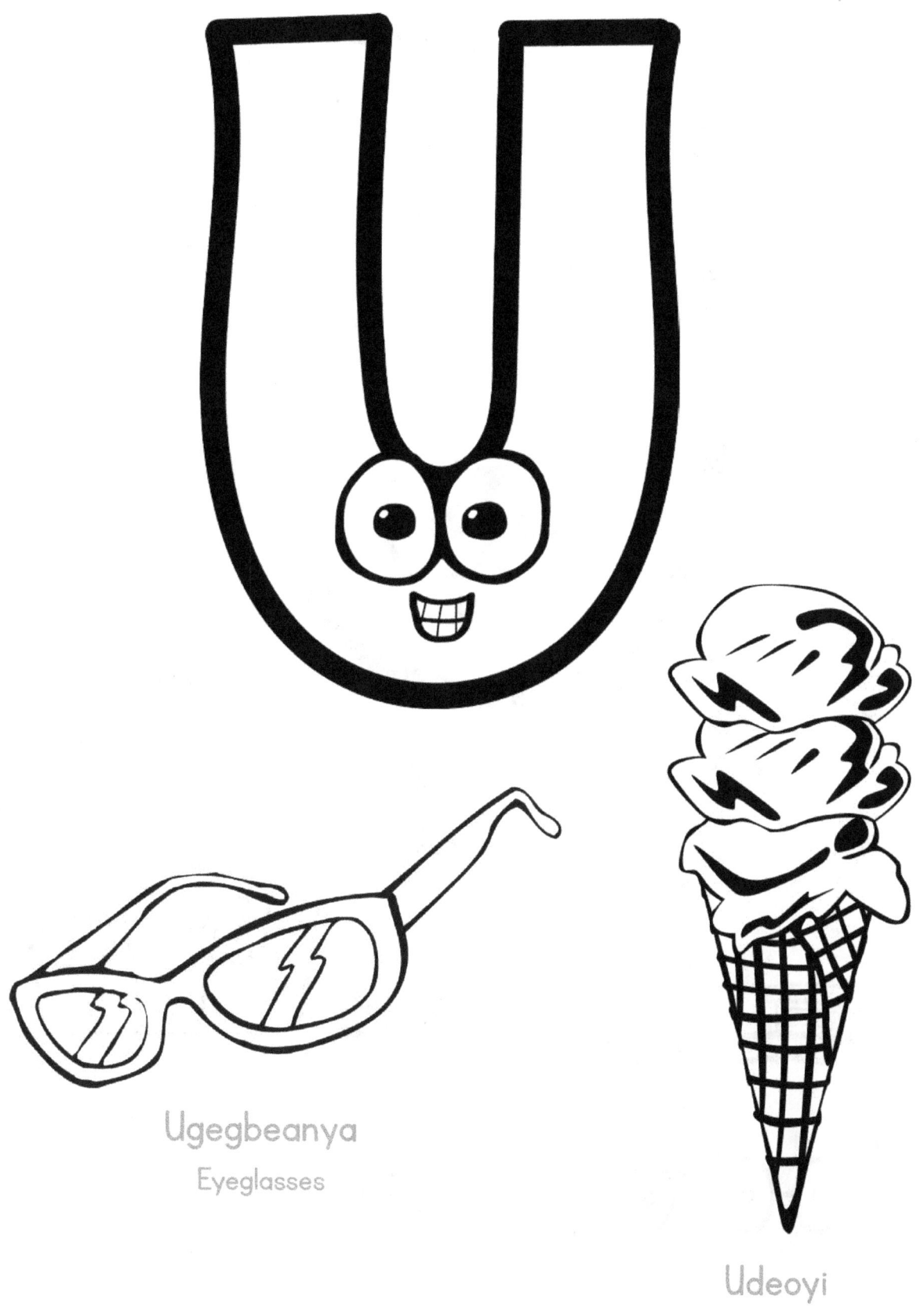

Ugegbeanya
Eyeglasses

Udeoyi
Ice cream

www.LearnIgboNow.com

Vọọ
Comb

Valangidi
Blanket

www.LearnIgboNow.com

Wubanye

Jump in

Wụọ ahụ

Bathe

www.LearnIgboNow.com

Yaa ahụ
Ill / Sick

Yabasị
Onions

www.LearnIgboNow.com

Zuo ike
Rest

Zụta
Buy

www.LearnIgboNow.com

A B CH D E F GB

GH GW H I Ị J K

KP KW L M N Ṅ

NW NY O Ọ P R

SH T U Ụ V W

Y Z

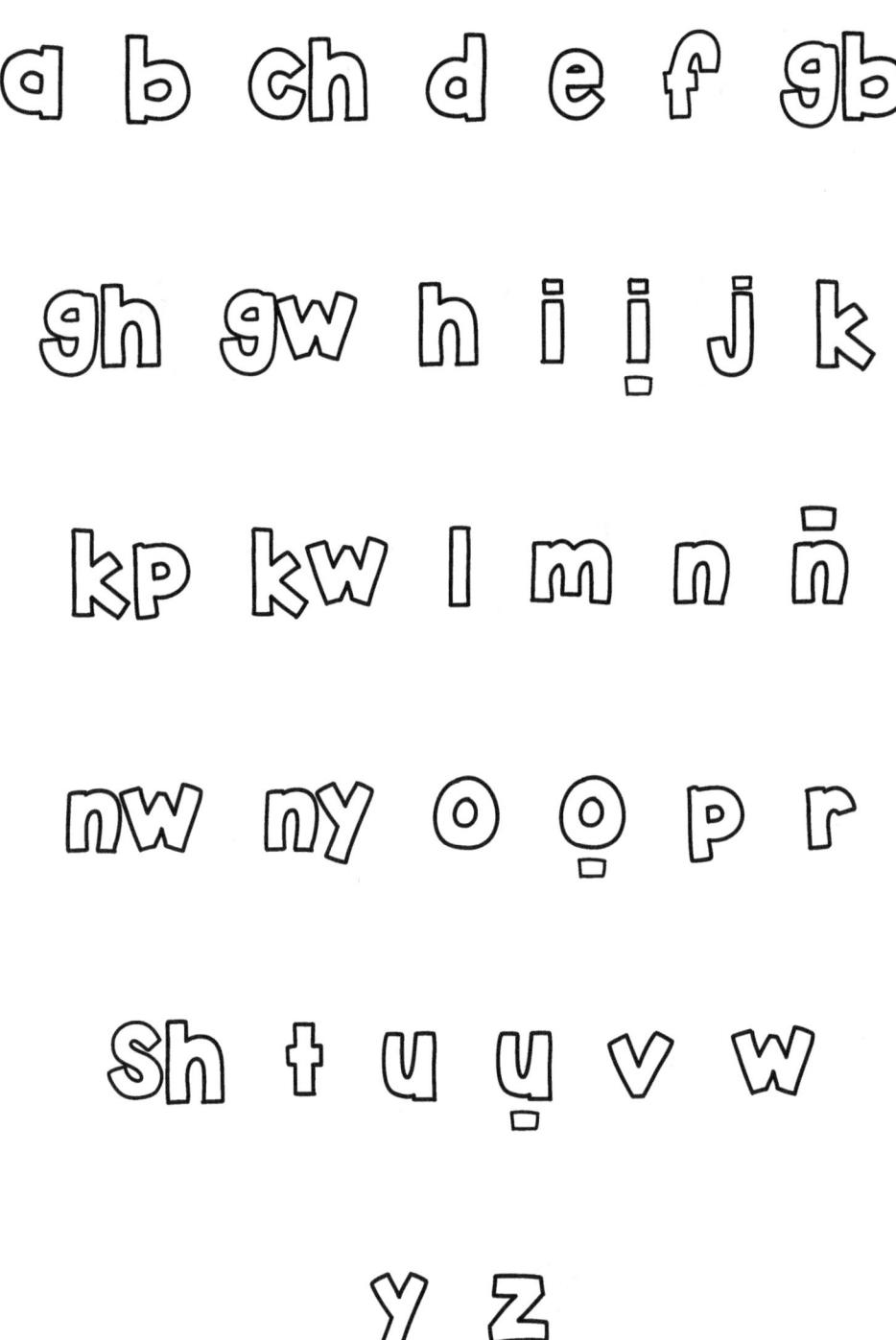

Want more fun materials for learning Igbo language? You can find them at:

www.LearnIgboNow.com

Image acknowledgements: iclipart.com, Educlips, Whimsy Workshop